On the Wing 翅膀

North American Birds 7

Andrea Voon   Richard Han

Xiǎo chì bǎng　xiǎo chì bǎng shàn ya shàn

小翅膀，小翅膀扇呀扇，

hú pō li de　suì dào gōng chéng shī　zhēn lǎo liàn

湖泊裏的 隧道工程師 真老練。

Bái fù yú gǒu　bái fù yú gǒu　shēn jīng bǎi zhàn

白腹魚狗，白腹魚狗 身經百戰，

wā jué suì dào zhǔn bèi chǎn luǎn

挖掘隧道準備產卵。

Little wings, little wings, flap flap flap…

Tunnel engineers in the lakes and ponds are on the wing.

Belted Kingfishers, Belted Kingfishers, clap clap clap…

Dig a secret burrow in full swing.

Dà chì bǎng　　　 dà chì bǎng shàn ya shàn
大翅膀，大翅膀扇呀扇，

yán hǎi yí dài de　 jiàn shù gāo shǒu　 zhēn lǎo liàn
沿海一帶的 劍術高手 真老練。

Běi měi hēi lì yù　　 běi měi hēi lì yù　　 shēn jīng bǎi zhàn
北美黑蠣鷸，北美黑蠣鷸 身經百戰，

xiě hóng de zuǐ bā xiàng lì jiàn
血紅的嘴巴像利劍。

Great big wings, great big wings, flap flap flap…

Sword fighters along the shorelines are on the wing.

Black Oystercatchers, Black Oystercatchers, clap clap clap…

Jab and cut some shells in full swing.

Dà chì bǎng   dà chì bǎng shàn ya shàn

大翅膀，大翅膀扇呀扇，

zhǎo zé li de   bǎo mǔ   zhēn lǎo liàn

沼澤裏的 保姆 真老練。

yè lù   yè lù   shēn jīng bǎi zhàn

夜鷺，夜鷺 身經百戰，

yí bìng fū huà jì yǎng de dàn

一并孵化寄養的蛋。

Great big wings, great big wings, flap flap flap…

Babysitters in the marshes are on the wing.

Black-crowned Night Herons, Black-crowned Night Herons, clap clap clap…

Brood any chick in their nest in full swing.

大翅膀，大翅膀扇呀扇，

沼澤裏的 活雕像 真老練。

美洲麻鳽，美洲麻鳽 身經百戰，

伏擊捕食，姿勢不變。

Great big wings, great big wings, flap flap flap...

Living statues in the marshes are on the wing.

American Bitterns, American Bitterns, clap clap clap...

Stand still and stalk their prey in full swing.

Dà chì bǎng　　dà chì bǎng shàn ya shàn
大翅膀，大翅膀扇呀扇，

hú pō li de　　zá shuǎ zhě　　zhēn lǎo liàn
湖泊裏的 雜耍者 真老練。

Huán zuǐ ōu　　huán zuǐ ōu　　shēn jīng bǎi zhàn
環嘴鷗，環嘴鷗 身經百戰，

kōng zhōng diū zhì　　shēn shǒu bù fán
空中丟擲，身手不凡。

Great big wings, great big wings, flap flap flap...

Jugglers on the lakes and ponds are on the wing.

Ring-billed Gulls, Ring-billed Gulls, clap clap clap...

Pluck and toss snack from the sky in full swing.

Dà chì bǎng   dà chì bǎng shàn ya shàn
大翅膀，大翅膀扇呀扇，

yán hǎi yí dài de   xià jì yóu kè   zhēn lǎo liàn
沿海一帶的 夏季游客 真老練。

Xiào ōu   xiào ōu   shēn jīng bǎi zhàn
笑鷗，笑鷗 身經百戰，

jiào shēng cì ěr   biàn bù hǎi tān
叫聲刺耳，遍佈海灘。

Great big wings, great big wings, flap flap flap…

Summer tourists along the shorelines are on the wing.

Laughing Gulls, Laughing Gulls, clap clap clap…

Enjoy their island vacations in full swing.

Dà chì bǎng　　dà chì bǎng shàn ya shàn

大翅膀，大翅膀扇呀扇，

hú pō li de　qīng dào fū　zhēn lǎo liàn

湖泊裏的 清道夫 真老練。

Jiā zhōu ōu　　jiā zhōu ōu　　shēn jīng bǎi zhàn

加州鷗，加州鷗 身經百戰，

bǔ shí fēi yíng　qīng lǐ hǎi tān

捕食飛蠅，清理海灘。

Great big wings, great big wings, flap flap flap...

Scavengers on the lakes and ponds are on the wing.

California Gulls, California Gulls clap clap clap...

Snap some alkali flies in full swing.

Dà chì bǎng　　dà chì bǎng shàn ya shàn
大翅膀，大翅膀扇呀扇，

zhǎo zé li de　mào jiàng　zhēn lǎo liàn
沼澤裏的 帽匠 真老練。

Dà bái lù　　dà bái lù　　shēn jīng bǎi zhàn
大白鷺，大白鷺 身經百戰，

cháng cháng de　wěi yǔ　duō liàng yǎn
長長的尾羽多亮眼。

Great big wings, great big wings, flap flap flap…

Hatters in the marshes are on the wing.

Great Egrets, Great Egrets, clap clap clap…
Grow their long plumes in full swing.

16

Dà chì bǎng　　dà chì bǎng shàn ya shàn

大翅膀，大翅膀扇呀扇，

hǎi li de　lǐ fà shī　zhēn lǎo liàn

海裏的 理髮師 真老練。

Bái fù jiān niǎo　bái fù jiān niǎo　shēn jīng bǎi zhàn

白腹鰹鳥，白腹鰹鳥 身經百戰，

lǐ yǔ mǒ yóu　fáng shuǐ bǎo nuǎn

理羽抹油，防水保暖。

Great big wings, great big wings, flap flap flap...

Barbers in the oceans are on the wing.

Brown Boobies, Brown Boobies, clap clap clap...
Comb their feathers and spread some oils in full swing.

大翅膀，大翅膀扇呀扇，
（Dà chì bǎng， dà chì bǎng shàn ya shàn）

海裏的 弓箭手 真老練。
（hǎi li de gōng jiàn shǒu zhēn lǎo liàn）

藍臉鰹鳥，藍臉鰹鳥 身經百戰，
（Lán liǎn jiān niǎo， lán liǎn jiān niǎo shēn jīng bǎi zhàn）

俯衝入海，場面壯觀。
（fǔ chōng rù hǎi chǎng miàn zhuàng guān）

Great big wings, great big wings, flap flap flap...

Arrow shooters in the oceans are on the wing.

Masked Boobies, Masked Boobies, clap clap clap...

Plunge-dive for fish and squid in full swing.

Dà chì bǎng　　dà chì bǎng shàn ya shàn
大翅膀，大翅膀扇呀扇，

hǎi li de　shuǐ bīng　zhēn lǎo liàn
海裏的 水兵 真老練。

Hè tí hú　　hè tí hú　shēn jīng bǎi zhàn
褐鵜鶘，褐鵜鶘 身經百戰，

gāo kōng fǔ chōng　shuǐ huā sì jiàn
高空俯衝，水花四濺。

Great big wings, great big wings, flap flap flap…

Marine forces in the oceans are on the wing.

Brown Pelicans, Brown Pelicans, clap clap clap…

Plunge-dive and scoop small fish in full swing.

chāo jí chì bǎng　　chāo jí chì bǎng shàn ya shàn
超級翅膀，超級翅膀扇呀扇，

hú pō li de　　bái yī tiān shǐ　　zhēn lǎo liàn
湖泊裏的 白衣天使 真老練。

Měi zhōu bái tí hú　　měi zhōu bái tí hú　　shēn jīng bǎi zhàn
美洲白鶘鶘，美洲白鶘鶘 身經百戰，

qū gǎn yú qún　　suō jǐn wéi quān
驅趕魚群，縮緊圍圈。

Mighty wings, mighty wings, flap flap flap...

Nurses on the lakes and ponds are on the wing.

American White Pelicans, American White Pelicans, clap clap clap...

Drive schooling fish toward shallow water in full swing.

Sanderling
sān zhǐ bīn yù
三趾濱鷸

<ruby>小<rt>Xiǎo</rt></ruby> <ruby>翅<rt>chì</rt></ruby> <ruby>膀<rt>bǎng</rt></ruby>， <ruby>大<rt>dà</rt></ruby> <ruby>翅<rt>chì</rt></ruby> <ruby>膀<rt>bǎng</rt></ruby> <ruby>扇<rt>shàn</rt></ruby> <ruby>呀<rt>ya</rt></ruby> <ruby>扇<rt>shàn</rt></ruby>，

小翅膀，大翅膀扇呀扇，

淡水鳥和海鳥精明老練。

涉水鳥，潛水鳥 身經百戰，

臨水而居，捕食海鮮。

Little wings, great big wings, flap flap flap…
Freshwater birds and seabirds are on the wing.
Wading birds, diving birds, clap clap clap…
Hunt for aquatic animals in full swing.

whimbrel 中杓鷸 (zhōng biāo yù)

Dunlin 黑腹濱鷸 (hēi fù bīn yù)

Killdeer shuāng lǐng héng 雙領鴴

Spotted Sandpiper bān fù jī yù 斑腹磯鷸

Ruddy Turnstone fān shí yù 翻石鷸

Semipalmated Plover bàn pǔ héng 半蹼鴴

Short-billed Dowitcher 短嘴半蹼鷸
duǎn zuǐ bàn pǔ yù

Wilson's Snipe 美洲沙錐
měi zhōu shā zhuī

Lesser Yellowlegs 小黃腳鷸
xiǎo huáng jiǎo yù

Greater Yellowlegs 大黃腳鷸
dà huáng jiǎo yù

作者　Author

温甘玉芬

當媽前，她是孩子們的甘老師，在常年暖和的熱帶雨林，與孩子一起學習中、英文，探索文字的奧秘；當媽後，她是孩子們的溫媽咪，在四季分明的北半球，與孩子一起感受春夏秋冬的更替，一起尋找美好的童年……

溫媽咪創作的靈感，源自於多年來的童言童語。2021年，她成立了"溫室工作坊"，立志要出版一系列的中、英雙語繪本，結合母語和第二語言，提倡親子趣讀。精通三語的溫媽咪理解每一種語言都有其獨特的藝術形式，因此創作的雙語繪本也各含韻味、各具特色。

Andrea Voon

Over the past few years, Andrea has learned and grown with her family as a full-time mother in Canada. Back in Malaysia, she was a Chinese immersion elementary school teacher. In 2021, Andrea started her journey as an author. Growing up in a multilingual environment, Andrea loves the beauty of languages on their own. She has the vision to publish picture books to support bilingual families in raising their children in English, Cantonese, and Chinese reading.

攝影師　Photographer

Richard Han

Richard loves to practice patience through his lenses of the natural world. He enjoys observing the wildlife and photographing the natural lifestyles that animals live. He is excited to present the beautiful photos that he captured in dreamy tones and colors to all the birds lover.

BILINGUAL READING IS FUN!

Check out other bilingual picture books by Andrea Voon.

To **Shirley Han, Derek, Eliana, Alayna & Magnus Dominus**

with love -- Andrea. V

For **Richard Han**

The patience in natural photography

ISBN 978-1-998856-57-2
Text copyright © 2024 Andrea Voon
Picture Credit © 2024 Richard Han